AF460947

L'ASNE.

A PARIS.

Chez ANTOINE DE HEUQUEVILLE pere, Libraire, au coin de la ruë Gist-le-Cœur, à la Paix.

M. DCC. XXXVII.

AVEC PERMISSION.

PREFACE.

JE sçai qu'il y a dans les Livres saints plusieurs endroits favorables au sujet que je traite ici ; mais je me suis fait un scrupule, & avec raison, d'employer dans un Ouvrage qui paroît peu sérieux, des témoignages sacrés & respectables, pour lesquels on ne sçauroit avoir trop de vénération. Si quelqu'un trouvoit à redire que je me fusse amusé à faire l'éloge de l'Asne, je suis bien-aise d'apprendre à ce quelqu'un, s'il ne le sçait pas, que Cornelius Agrippa, Heinsius,

Paſſerat & la Mothe le Vayer, l'ont préconiſé avant moi. Y auroit-il de la honte à marcher ſur les pas de ces grands Hommes.

L'ASNE.

PECVS INGENTES AVRI TIBI MERDAT ACERVOS.

fec.

L'ASNE

IL faut convenir que la prévention exerce un furieux empire ſur l'eſprit de l'homme : c'eſt elle qui preſque toujours détermine ſes ſentimens, régle ſes actions, fixe ſes goûts, & lui dicte la plûpart de ſes jugemens : c'eſt-elle qui fait que tant de gens aiment ou haïſſent ſans reflexion, eſtiment ou mépriſent ſans diſcernement, déſirent ou appréhendent ſans ſujet. Nous rendant inſenſibles à ce qui eſt commun, quoique bon, elle ne nous laiſſe des yeux & du goût que pour ce qui eſt extraordinaire, & ſouvent mauvais : elle nous fournit les termes les plus forts & les plus pompeux pour loüer ; par exemple, un grand Guerrier, dont le mérire eſt de porter par tout la déſolation & la mort, & elle ne nous inſpire que du mépris ou de l'indifference pour un Laboureur & un Vigneron, dont l'induſtrie bienfaiſante

A

force la nature à nous donner & de quoi vivre, & de quoi nous réjoüir. Nous sommes saisis d'admiration & d'étonnement à la vûë d'une Comete, qui n'est qu'un amas fortuit d'exhalaisons enflammées, ou tout au plus un Astre vagabond, qui a, dit-on, à sa queuë une longue suite de funestes présages; & à peine faisons-nous attention au cours miraculeux du Soleil, cet Astre si utile & si beau. Nous courons donner de l'argent pour voir un Tigre, Animal feroce & pernicieux, & nous érigeons en Roi des animaux, le Lion, toujours prêt à nous déchirer & à nous mettre en piéces, pendant que nous maltraitons cruellement l'Asne, qui nous rend des services considérables, & qui, si on l'examine de près, peut être le modele de mille vertus. Oui, sotte & aveugle prévention, l'Asne nous donne les plus beaux exemples de vertus, & mérite par mille endroits nos vénérations & notre estime. On n'en doutera pas, je pense, quand on aura lû l'Eloge court, mais sincere, que j'ai entrepris de faire de ce sage & laborieux Animal. Guéri d'anciennes erreurs, & revenu des préjugés ausquels le tems seul & le défaut d'attention ont donné quelque crédit, j'espere qu'on conviendra bientôt que l'Asne est un animal incomparable, que ſon mérite éleve au-deſſus de tous les autres animaux. Je dis de tous les animaux, & j'ai de la peine même à en excepter l'Homme, cet animal vain & capricieux, qui avec ſa raiſon & tout l'eſprit dont il ſe pique, ſera toujours, au ſentiment des Juges déſintereſſés, inferieur à l'Aſne en bien des choſes.

Que ce début ne révolte perſonne; de plus beaux Eſprits que moi ont mis l'Homme au deſſous de la bête; & ſi l'on veut bien ſe défaire de ſes préjugés, & écarter pour quelque tems les artifices de ſon amour propre, on demeurera facilement d'accord qu'ils ne l'ont pas fait par un eſprit de bizarrerie, ou pour s'égayer, & que l'Aſne ſur tout a mérité les juſtes loüanges que les perſonnes éclairées lui ont données dans tous les tems.

Deux choſes, ce me ſemble, doivent faire le prix & le mérite d'un Animal; ſçavoir, l'utilité dont il eſt dans le monde, & les belles qualités qui le diſtinguent. Quel animal voyons-nous dans la nature, qui ſoit d'une utilité plus étenduë que l'Aſne, & qui réüniſſe en lui tant d'admirables qualités, ſans mélange d'aucuns défauts? N'eſt-ce pas de l'Aſne qu'on peut dire avec vérité qu'il eſt à tout? Soit que vous lui faiſiez traîner la charette, ſoit que vous le mettiez à la charruë, (*a*) docile & commode animal, il s'acquitte également bien de ces emplois. Avant l'invention des moulins à eau & à vent, qui n'eſt pas fort ancienne, l'Aſne ſervoit à tourner la meule pour moudre le bled. (*b*) Il porte les fardeaux les plus peſans; & d'une maniere aiſée. On s'en ſert pour courir la poſte (*c*) dans pluſieurs Provinces, & c'eſt dans tous les pays la monture la plus douce : auſſi tire-t-il ſon étymologie, ou du mot Grec ασηνὴς, qui ſignifie ſans défaut, ou du

(*a*) Plerique deducuntur ad molas aut ad agriculturam, ubi quid vehendum eſt, aut etiam ad arandum. *Varo de re ruſtica*, *l.* 2. *c.* 6.

Aſinum 400 nummûm emptum Q. Axio Senatori autor eſt M. Verro; haud ſcio an omnium pretio animalium victo : operâ ſine dubio Geruli mirificâ, arandoque, &c. *Plin. l.* 8. *cap.* 23. *& l.* 17. *c.* 5.

Hujus animalis tam exiguæ tutelæ plurima & neceſſaria opera ſupra portionem reſpondent, cùm & facilem terram, qualis in Boëtica & tota Lybia, ſic levibus aratris proſcindat. *Columel. lib.* 8. *c.* 1.

(*b*) D'où vient *mola aſinaria*, & *aſini molinarii*, *molarii*, *molendarii*, *&c.*

(*c*) Il y a des Aſnes en Afrique qui font vingt & vingt-cinq lieuës par jour

J. Feikema inve: et sculp:

verbe Latin *assidere*, (a) qui veut dire être assis ; parce que la maniere la plus usitée de s'en servir dans les premiers tems étoie de s'asseoir dessus. Tems heureux, où la simplicité régnoit jusquesdans les mœurs, & où l'orgüeil & la molesse n'avoient pas encore amené l'usage de se faire pompeusement traîner dans des carrosses, ou rouler dans des chaises ! Les plus riches alors & les plus distingués ne rougissoient point de se servir de leurs pieds pour marcher, ou de paroître, dans la nécessité, assis sur un Asne ; & nous lisons dans les Histoires anciennes, que c'étoit la plus superbe monture des Princes Orienteaux, & des plus grands Seigneurs de la Palestine ; c'étoit en ces sortes d'animaux que consistoient leurs plus grandes richesses : jusques-là qu'il est rapporté que Job avoit cinq cens Asnes avant ses disgraces, & qu'il en eut mille après qu'il eut été rétabli dans son ancienne splendeur ; & que selon le témoignage de Joseph, la Charge d'Intendant des Asnes étoit un des plus illustres emplois de la Cour des Rois Juifs ; & nous apprenons par le dénombrement des principaux Officiers de David, que

(a) *Isidor, lib, 2, orig.*

ſous ſon régne Jadias Meronathites poſſédoit cette charge éminente.

Nous liſons dans la Mithologie des Anciens, que les Dieux étoient montés ſur des Aſnes en la guerre qu'ils eurent contre les Géans, & qu'un de ces animaux y fit même des merveilles. Le bon Pere Siléne, monté ſur un Aſne, ouvroit la marche du fameux triomphe de Bacchus, & c'en étoit à coup ſûr la piece la plus curieuſe. Les plus fameux Héros de l'antiquité, à l'exemple des Dieux, n'avoient pas d'autres montures, & l'Aſne étoit même en une ſi grande eſtime parmi les Romains, que les plus illuſtres Familles de leur Republique, ſe firent un honneur d'en prendre le nom, ou d'en tirer leur ſurnom *indè*, dit Paſſerat, *Aſellii Viri Conſulares*, *Aſnæ Prætorii*, *Aſelliones Hiſtorici*, *Vinnii Aſellæ*, *Aſinii Galli*, *Aſinii Dentones*, *Aſinii Polliones*, & tant d'autres qu'il eſt inutile de rapporter ici. Les Chevaux furent long-tems ſans pouvoir être ni domptés, ni apprivoiſés; on regarda les premiers qui les monterent comme des monſtres, qu'on appella Centaures: l'on ne s'en ſervit d'abord qu'à la guerre & pour combattre, l'on ſe ſervoit d'Aſnes dans toutes les autres occaſions, princi-

palement dans les cérémonies; & l'on remarque que les Prêtres du Paganiſme, promenoient de tems en tems leurs Idoles ſur le dos d'un Aſne dans tous les carrefours des Villes, pour en éloigner toutes ſortes de malheurs, à ce qu'ils s'imginoient; d'où vint le proverbe, *Aſinus portans Miſteria.*

Il n'y a guéres plus de cent ans que les Perſonnes les plus diſtinguées dans l'Egliſe & dans la Robe, & il y a encore moins de tems que les plus fameux Médecins n'alloient que ſur des Mules, digne race des Aſnes, & l'on ne pouvoit s'empêcher alors d'admirer le bon naturel de ces Animaux, qui à l'exemple du pieux Enée, portoient ſi volontiers leurs peres la plûpart du tems. (*a*)

Nous liſons encore dans l'Hiſtorien Joſeph (*b*) que parmi les Juifs on avoit coutume le jour des nôces, de conduire la Mariée en la maiſon de ſon Epoux, montée ſur un Aſne, pour la faire reſſou-

(*a*) L'origine du proverbe *Ferrer la Mule*, vient de ce que les Laquais des Magiſtrats qui alloient autrefois au Palais ſur des Mules, s'amuſoient à joüer pendant les ſéances de leurs Maîtres, & pour avoir de l'argent, ils leur faiſoient ſonvent accroire qu'il falloit ferrer leurs Mules.

(*b*) *L.* 15. *c.* 18.

venir ſans doute à la vûë d'un Animal ſi doux, de ſe pourvoir à ſon exemple, d'une forte patience, pour ſupporter tranquillement tous les déſagrémens de l'état pénible qu'elle alloit embraſſer ; & aujourd'hui les Dames de Perſe & du Grand Caire, rendent leurs viſites, & ſe promenent montées ſur des Aſnes, qui vont un train de Haquenée, & qui ſont parés ſuperbement, comme le racontent ceux qui ont voyagé dans ce païs-là. (*a*)

C'étoit avec beaucoup de raiſon que nos Peres, plus ſages que nous, choiſiſſoient l'Aſne pour leur monture, préférablement à toute autre ; c'eſt bien aſſûrément la commodité la moins fatigante, & la moins dangereuſe que nous ayons, le Cheval n'étant que trop ſouvent fougueux, rétif ou ombrageux.

Si le char que conduiſit Phaëton, avoit été tiré par des Aſnes, & non par des Chevaux fougueux & pleins de feu, ce jeune ambitieux n'eût pas été aſſûrément précipité dans le Pô, & il auroit épargné bien des larmes à ſes trop tendres Sœurs, une grande frayeur à toute la terre, la fatigue extrême aux Poëtes, de décrire en vers pompeux & magni-

(*a*) *Theatre du monde.*

Incautus Phaëthon dubitati tecta parentis
Ingreditur, precibus sollicitatq; patrem:
Quo sibi quadrijugum tradat moderam
fatales inscius eße preces
M. de Vos inuen.
1.
Phils Galle excud.

M. de Vos inuen. 2. Phls Galle excud.

Nl. de Vos inuen. 3. Phls Galle excud.

Naiades exanimum tumulo dant corpus, et atra
Sollicitae tristi carmine busta notant:
Hoc saxum Phaetonta tegit, qui vn
regeret currus in sua fata ruit.
M. de Vos inuen.
4.
Phls Galle excud.

fiques, un événement si considérable, un furieux embarras aux Chronologistes, pour sçavoir en quel tems précisément cela est arrivé, & au grand Jupiter enfin, la triste nécessité ou de tuer le fils du blond Phœbus à coups de foudres, ou de se voir brûler lui-même & son céleste Manoir, n'ayant alors par malheur ni pluyes, ni grêles, ni nuages à sa disposition, pour empêcher un embrâsement si peu attendu.

Nam neque quos posset terris inducere nimbos
Tunc habuit, neque quos Cœlo demitteret imbres. (*a*)

Hippolyte, le charmant Hippolyte auroit-il été mis en pieces si misérablement, si son char eût été attelé d'Asnes, au lieu de Chevaux ?

Philippe, fils aîné de Loüis le Gros, Prince d'une grande espérance, & que son pere avoit fait couronner Roi de France de son vivant, auroit-il eû une fin si tragique, (*b*) s'il n'eût jamais monté

(*a*) *Ovide Metamorph. l. 2. ch. 1.*

(*b*) Ce Prince allant à cheval dans les ruës de Paris, un Porc vint se jetter entre les jambes de son cheval, qui se cabra, & jetta sur le pavé le jeune Roi, qui fut écrasé, & mourut de cette funeste chûte, au grand regret des François.

que des Asnes ? Et tous ceux qui posséderent jadis le Cheval Sejan, (a) auroient-ils de même fini si malheureusement leurs jours, s'ils avoient troqué de bonne-heure ce fatal animal contre quelque Asne plus favorable ? (b)

Lorsque Camille entra dans Rome en triomphe après la prise de la célébre Ville des Veïens, il s'attira l'envie & la haine du Peuple Romain, dit Tite-Live, parce qu'il étoit dans un char tiré par des Chevaux blancs : cela fut même en partie cause que quelque tems après il

(a) Ce Cheval venoit d'Argos Ville de Grece. C'étoit le plus bel animal qu'on eût jamais vû dans son espece, mais qui fut fatal à tous ceux qui le posséderent. Cneus Sejus l'eut le premier, lequel fut mis à mort par l'ordre du Triumvir Marc Antoine. Dolabella l'acheta ensuite 100000 sexterces, & il fut tué pendant la guerre civile. Cassius l'eut ensuite, après lui Marc Antoine ; & ils moururent tous deux de mort violente, comme tout le monde sçait : D'où vient le proverbe, *Cet homme a le Cheval Sejan*, pour marquer un homme extrêmement malheureux. *Aulugel. l. 3. c. 9.*

On dit qu'*Equo Sejano* étoit la devise du Connetable de Bourbon, qui fut si malheureux, & qui fut tué devant Rome.

(b) L'on a toujours regardé la rencontre de l'Asne comme une rencontre de bonne augure ; témoin ce qui arriva à Auguste, qui ayant rencontré un Asne un peu avant la Bataille d'Actium, augura favorablement du succès de la bataille.

S. le Clerc f.

fut envoyé en exil ; ce qui ne feroit pas arrivé, s'il se fût servi d'Asnes, le peuple n'ayant garde de se scandaliser d'un animal qui lui ressemble si fort, & avec lequel il sympatise merveilleusement.

Mais ne nous arrêtons pas si long-tems aux funestes accidens que peuvent causer des Chevaux ombrageux & difficiles, & dont nous n'avons que trop d'exemples fâcheux tous les jours ; passons vîte aux autres avantages que l'Asne nous procure.

Croiriez-vous jamais que nous sommes redevables à l'Asne de l'utile invention de tailler la vigne? Rien n'est plus vrai cependant. Les hommes, dit un bon Auteur, (*a*) s'étant appeçus dans les premiers tems que les Asnes rongoient des branches de vignes en de certains endroits; & que ces branches ainsi rongées rapportoient plus de raisin que celles où ils n'avoient pas touché ; les hommes, dit cet Auteur, firent leur profit de cette

(*a*) Nonnulli tradunt Asinum amputandarum vitium authorem & præmonstratorem fuisse. Nam abroso ab eo palmite, &c. Ejus rei monumentum Naupliæ spectabatur, ubi lapideus Asinus grata posteritati memoria dedicatus fuerat *Joannes Pierius Valerianus Hieroglyphic, lib.* 12. *cap.* 20.

découverte, & apprirent de-là à tailler la vigne. La reconnoissance d'un si grand bienfait, porta même les habitans d'une des principales Villes de la Grece (*a*) à ériger au mileu de le leur place, une Statuë en l'honneur de l'Asne, pour témoigner à la posterité, les obligations qu'on avoit à un si utile animal. C'étoit pour cette raison sans doute qu'on voyoit anciennement dans les salles où les Romains prenoient leurs repas, des têtes d'Asnes liées avec des branches de vignes, (*b*) & que les Siriens, & les Hébreux se servoient presque du même mot pour signifier l'Asne & le vin. (*c*)

Pour moi quand je songe à l'avantage qui nous est revenu de cette utile invention, dont l'Asne est le premier auteur, je ne sçaurois rencontrer un Asne, que je ne me sente le cœur émû à son aspect d'une tendresse mêlée de je ne sçai quel respect pour un si auguste Bienfaiteur. Où est l'animal en effet, je ne dis pas seulement dans les Indes & dans les païs éloignés, mais dans l'Europe même, qui

(*a*) Napolie de Romanie, Ville Archiepiscopale, jadis *Nauplia.*

(*b*) *Voyez Higin.*

(*c*) On appelle un Asne en Hébreux חמור *Chamor*, & le vin חמר *Chemer.*

6

7

8

nous ait enſeigné une ſcience ſi néceſſaire ? L'Araignée nous a donné, dit-on, l'idée de la toile, l'Hirondelle des bâtimens, & le roſſignol de la Muſique ; des Chévres(*a*) nous ont enſeigné l'uſage du caffé, les (*b*)Hippopotames de la ſaignée, & les (*c*) Cigognes du clyſtere ; je ne ſçais combien d'autres animaux nous ont appris la connoiſſance de pluſieurs ſymples. Tout cela, je vous avoüe, a ſon mérite ; mais fort éloigné après tout de l'invention de tailler la vigne, que nous a montré l'Aſne, ſans quoi les ven-

6 (*a*)Un Berger de la Paleſtine qui gardoit des Chévres, s'étant apperçu que lorſque ſes Chévres avoient rongé les féves qui venoient à un certain arbriſſeau qui porte le caffé, ne faiſoient que ſauter & que bondir toute la nuit dans leur étable, en avertit le Prieur d'un Monaſtere de Jacobites, à qui appartenoit ce troupeau, qui s'imagina que le fruit de cet arbriſſeau avoit la verru de mettre le ſang en mouvement, & en fit l'expérience ſur ſes Religieux, pour les empêcher de dormir pendant les Matines.

7 (*b*) L'Hippopotame ou Cheval de riviere vient ſur le rivage, lorſqu'il ſe ſent trop replet, & s'ouvre une veine de la cuiſſe avec la pointe d'un roſeau la plus aiguë qu'il peut trouver. Quand il en a laiſſé ſortir autant de ſang qu'il croit néceſſaire pour être ſoulagé, il couvre ſa playe avec du limon.

8 (*c*) La Cigogne prend de l'eau avec ſon bec, qu'elle a extrêmement long, & ſe la ſeringue dans le derriere, pour ſe purger quand elle en a beſoin.

danges ſeroient ſi maîgres, & le vin par conſéquent ſi cher, qu'il n'y auroit que les Rois & les Princes qui fuſſent en état d'en boire. Palemon a inventé, ou du moins perfectionné la Grammaire, Apollon la Poëſie, Gorgias la Rhéthorique, Ariſtote la Logique, Eſculape la Médecine, & Zoroaſtre l'Aſtrologie; mais de quelle utilité ſont dans le monde toutes ces vaines Sciences, en comparaiſon du vin, qui réjoüit le cœur de l'homme, & rafine extrêmement ſon eſprit? Quels vers froids les Poëtes ne feroient-ils pas, s'il ne buvoient que de l'eau? Qui parle mieux, qui fait de plus belles figures de Rhétorique, qu'un homme qui eſt en pointe de vin? Qui pouſſe mieux que lui un argument en *ferio* ou en *baraco*? Et perſonne n'oſeroit me conteſter que depuis qu'il y a des Médecins dans le monde, tous enſemble n'ont point fait par haſard le tiers des cures que le vin ſeul a faites par ſa propre vertu. Pour ce qui eſt de l'aſtrologie & de ſes prédictions, il n'y a point de buveur qui ne s'en moque, & avec raiſon.

Mais à propos de l'Aſtrologie, je ſuis bien-aiſe de vous dire que le plus expérimenté Faiſeur d'Almanachs, eſt bien moins qu'une bête, en comparaiſon de notre célébre Animal, quand il s'agit de prédire le beau ou le mauvais tems; jusques-là qu'un des plus sages & des plus spirituels de nos Rois, fit l'honneur à un Asne de le prendre pour son (*a*) Astrologue ordinaire. (*b*)

Je sçais que plusieurs animaux nous font connoître les changemens de tems par de certaines marques. Quand les Hirondelles volent bas, on doit s'attendre d'avoir du vent ou de la pluye. (*c*) Les

(*a*) C'étoit une Charge de la Cour.

(*b*) Tout le monde sçait l'histoire de Loüis XI. Roi de France, qui étant allé un jour à la chasse, après avoir consulté auparavant son Astrologue, qui lui avoit promis du beau tems eut à sa rencontre un Charbonnier avec son Asne, à qui le Roi demanda, sans se donner à connoître, s'il auroit du beau tems toute la journée. Le Charbonnier lui répondit qu'il pleuvroit bientôt; ce qu'il connoissoit à son Asne. Effectivement il tomba de la pluye quelque tems après, ce qui fut cause que le Roi de retour à la Cour, ayant chassé son Astrologue, y fit venir le Charbonnier & son Asne, à qui il donna les mêmes appointemens qu'il donnoit auparavant à son Astrologue en titre d'Office. En effet cet Asne lui prédisoit bien pus certainement que lui le beau ou le mauvais tems; car lorsqu'il devoit pleuvoir, il ne manquoit pas de dresser les oreilles, & d'aller de côté, comme font ordinairement tous les Asnes.

(*c*) C'est que le vent fait descendre les moucherons dont vivent les hirondelles, & les fait approcher de la surface de la terre & de l'eau.

Grenoüilles coaſſant plus haut qu'à l'ordinaire, les Macreuſes faiſant comme un bruit aigu le matin, les plongeons & les Canards ſe nétoyant les plumes avec le bec, les Corbeaux paroiſſant aboyer & ſe battre, nous marquent auſſi du vent; Les Gruës volant extrêmement haut, preſagent le beau tems; les Rats abandonnant une maiſon, donnent à connoître qu'elle eſt proche de ſa ruine, & qu'il y a du danger à y reſter. Tous ces préſages de l'avenir qui nous viennent de divers animaux, ſont admirables, j'en conviens; mais l'on ſçait par expérience qu'il n'y en a pas de plus clair, ni de plus infaillible que ceux que nous donne notre intelligent Animal, qui ſe roulant dans la pouſſiere, préſage le beau tems, & dreſſant les oreilles, & allant de côté, préſage certainement la pluye.

Outre tant d'avantages, qu'on ne ſçauroit raiſonnablement conteſter à l'Aſne, & qui le diſtinguent d'une maniere ſi éclatante, perſonne n'ignore les admirables propriétés du lait d'Aſneſſe, ſoit pour guérir les maladies internes & dangereuſe, (*a*) ſoit pour blanchir & em-

(*a*) Le lait d'Aſneſſe eſt excellent contre la Goute.

H 3

6

bellir la peau. (*a*) Ce puissant remède a rétabli plus d'une fois l'embonpoint d'un corps que la langueur consumoit, & la fraîcheur du teint que l'usage trop fréquent des plaisirs, avoit amorti. C'étoit pour cela que la coquette Poppée, qui fut la maîtresse, & ensuite la femme de Neron, en usoit souvent, & prenoit de tems en tems le bain de lait d'Asnesse, pour réparer le tort que ses débauches faisoient à sa beauté, & au rapport des anciens Auteurs, (*b*) elle traînoit après elle (*c*) dans tous les lieux où elle alloit, une longue suite d'Asnesses bienfaisantes. Une tête d'Asne enterrée au milieu d'un jardin, le rend, dit-on plus fertile. La corne du pied de l'Asne brûlée, mise en poudre, & buë dans un verre de vin, guérit du mal caduc, selon le sentiment de quel-

(*a*) Le lait d'Anesse contribuë beaucoup à rendre la peau plus blanche, & ôte les rides du visage, en tendant la peau.

(*b*) *Pline*, *&c.*

(*c*) Jusqu'à cinq cens. Les hommes effeminés & délicats se frotoient le visage & la peau de pain trempé dans du lait d'Asnesse, ou pour la rendre plus blanche, ou pour empecher que la barbe ne leur vint si tôt. *Sueton. dans Othon, chap.* 2. *Martial l.* 10. *chap.* 68. Ils se faisoient même un masque de ce pain. *Juvenal. sat.* 6. *Pline hist. l.* 11. *ch.* 41. *lib.* 28. *ch.* 12.

ques naturaliſtes. Un emplâtre de cette même poudre, guérit le écroüelles, & les engelures qui viennent aux pieds ou aux mains ; & la fumée de cette même corne qu'on brûle, facilite l'accouchement de l'enfant mort dans le ventre de ſa mere. Trois ou quatre gouttes de ſon ſang, buës dans du vin, guériſſent la fiévre continuë. L'eau qui reſte dans le ſceau après que l'Aſne y a bû, appaiſe le mal de tête. (*a*) Ses reins broyés & pris dans quelque breuvage, guériſſent de l'incontinence. Ses os pilés & bus auſſi dans du vin, ſervent de contrepoiſon, & dégarnis de leur moëlle, on en fait des flûtes douces & agréables. Qui pourroit enfin raconter toutes les utilités qu'on peut tirer de l'Aſne, puiſqu'il n'y pas juſqu'à ſon urine qui ne ſoit un remede ſpecifique pour les maux de reins cauſés par des humeurs épaiſſes & viſqueuſes ? Et ſa fiente trempée dans du vinaigre, & envéloppée dans un drapeau que l'on porte au nez, arrête l'hemorragie. Sa peau même, qui eſt ſi maltraitée pendant ſa vie, l'eſt encore davantage après ſa mort, puiſque l'on s'en ſert en pluſieurs

(*a*) Aqua quæ remanet Aſino potata dolorem capitis ſedat ; renes verò triti & bibiti incontinentiam cohibent. *Plin. ibid.*

Il combat apres sa mort

SBella f.

pays pour faire des tambours & des tymbales ; & Albert le Grand assûre qu'on ne verroit jamais la fin des semelles de souliers, qui seroient faites des endroits de la peau de l'Asne, endurcis par les charges qu'il porte.

Pour sa chair, (*a*) elle est fort exquise, & très-délicate, au rapport de ceux qui en ont mangé. Cela est si vrai, que chez les Grecs autrefois & chez les Romains elle étoit fort recherchée ; & il y a encore aujourd'hui des pays où les Asnons sont les mets les plus friands des grands Seigneurs qui traitent. Mecenas, cet homme rare, & si connu par la faveur d'Auguste, & la protection qu'il accordoit aux Sçavans, aimoit fort l'Asnon, & en trouvoit la chair délicieuse ; (*b*) & Varron dit que de son tems on n'en servoit que sur les tables des Rois & des grands Pontifes : (*c*) que ceux de Pessinunte & de Reate étoient d'un goût si exquis, & si chers, qu'on en achetoit

(*a*) La chair d'Asnon a le goût de celle de Liévre, quand elle est fraîche, & de celle de Cerf, quand elle n'est pas fraîche.

(*b*) Le Cardinal du Prat du tems de François I. mit aussi la chair d'Asnon fort à la mode.

(*c*) Il appelle la chair d'Asnon, *dapes Pontificia*.

ſouvent juſqu'à quarante mille ſeſterces ; qui font près de mille écus de notre monnoye. (*a*) Ce qui fait appeller ſouvent l'Aſne *Multinummus* par ce plus ſçavant des Romains. Et ſi les hommes aujourd'hui ſi ſenſuèls & ſi friands, n'oſent toucher à une viande ſi délicate, c'eſt autant par rapport à l'utilité que leur apporte l'Aſne, qu'ils le reſpectent & n'oſent le tuer, que parce qu'auſſi ils ſe font un ſcrupule de dévorer la chair de leur frere, & d'un animal qui vaut ſouvent mieux qu'eux.

Je me ſouviens d'avoir lû qu'aux fameux ſiége de Sancere, dans le tems des guerres civiles ſous Charles IX. les aſſié-

(*a*) Oroſe auſſi rapporte *l. 7. c. 37.* qu'un Sénateur nommé Axius, acheta un jour un Aſne 400 écus.

Voyez Aulugel, *l. 7. c. 16.* où il parle des viandes les plus recherchées du tems de Varron, qui étoient les Paons de l'Iſle de Samos, *Pavo Samius*, les Francolins ou Faiſans de la Phrigie, *Phrigia Attagena*, les Grues de l'Iſle de Milo, *Grues Melt*[illegible], les Chevreaux d'Ambracie, *Hœdus ex Ambracia*, les jeunes Thons de Calcedoine, *Pelamis Chalcedonia*, les Lamproyes de Tarteſſe ou Tariffa, *Muræna Tarteſſia*, les Aſnons de Peſſinunte ou Peſſin, *Aſelli Peſſinuntii*, les Huîtres de Tarente, *Oſtrea Tarentina*, les Sargets de Cilicie, *Scari Cilices*, les Petoncles (ſorte de poiſſons) de l'Iſle de Chio, *Pectunculus Chius*, &c.

gés ayant consumé toutes les provisions de la place, aimerent mieux, réduits qu'ils étoient aux plus affreuses extrémités, manger les Chevaux, les Chiens, les Chats, les Rats, les Souris, le cuir, la bourre & un tas d'autres plus vilaines ordures, que de tuer les Asnes qui étoient dans la Ville; & ils ne les mangerent enfin, que pour ne pas être obligés de se manger eux-mêmes. Ils ne les épargnerent si long-tems, disent les Historiens, que par une espece de vénération qu'ils avoient pour ces vertueux Animaux, & par rapport aux services qu'ils en recevoient tous les jours : & quand il fallut se résoudre à tuer le seul qui restoit, & que les Sancerois avoient conservé le plus long-tems qu'ils avoient pû, pour s'en servir dans leurs besoins, la pitié s'empara de tous les cœurs, la Ville retentit de cris & de gémissemens, & la perte de cet innocent Animal fut pleurée plus amerement que pas une de celles que les assiégés eussent faites jusqu'alors; tant est forte l'impression que fait sur les esprits un mérite utile & connu, qui se trouvant souverainement dans l'Asne, donne lieu de nous étonner qu'on ait aujourd'hui pour lui si peu d'estime : à moins qu'on ne veüille dire que comme il y en a un nombre presque infini en France, l'on n'est guéres porté à beaucoup estimer ce qui est si commun. (*a*) Mais il y a Asnes & Asnes ; & si ceux à courtes oreilles n'ont aucun mérite qui puisse attirer nos respects & notre estime, nous devons avoir des sentimens plus équitables pour les Asnes à longues oreilles, qui nous sont utiles en tant de manieres, & qui peuvent nous édifier & nous instruire par leurs bonnes qualités, & les sages leçons qu'ils nous donnent, comme vous l'allez voir dans une espece de seconde Partie ; ayant trouvé à propos de couper ainsi mon Discours sur l'Asne, pour vous donner le tems de cracher, tousser & reprendre un peu haleine.

(*a*) La Cour du Palais du Roi de Perse est remplie d'Asnes richement arnachés, le jour qu'il donne audience aux Ambassadeurs. Ce que voyant un jour un Ambassadeur Espagnol, il perdit sa gravité, & se mit à rire. Un Seigneur Persan qui l'accompagnoit, lui en demanda la raison. L'Ambassadeur Espagnol lui dit qu'il rioit de voir traiter avec tant de distinction des animaux qu'on traitoit avec le dernier mépris en Espagne. C'est, répliqua le Persan, que les Asnes sont fort communs en votre Pays ; & nous les traitons avec distinction, parce qu'ils sont plus rares dans le nôtre.

Ha Voyla mon Portrait.
Icy est le Portrait du Docteur

LEs animaux les plus recommandables ont presque tous de grands défauts qui balancent d'ordinaire les bonnes qualités qu'ils peuvent avoir ; & pour commencer par l'Homme, qui en est le chef, y a-t-il rien de plus leger & de plus capricieux ? Et ne peut-on pas dire de lui que s'il a de l'esprit & de la raison, il a encore plus de méchanceté & de malice ?

Le Lion, pour passer aux autres animaux, est courageux, mais il est cruel ; le Taureau est fort, mais il est furieux ; le Serpent est prudent, mais il est dangereux ; le Singe est adroit, mais il est malicieux ; la Fourmi est laborieuse, mais elle ne travaille que pour elle ; le Chien est affectionné à son Maître, mais souvent ses morsures sont dangereuses, & ses abboyemens incommodes ; l'Abeille fait le miel, mais ses piqueures sont à craindre ; le Cheval sert à l'homme, mais outre qu'il est fougeux, c'est qu'il coûte beaucoup à élever, & encore plus à nourrir ; l'Asne seul, l'Asne a toutes les bonnes qualités des autres animaux, sans en avoir les mauvaises. Il a (*a*) du

(*a*) Plutarque rapporte en la Vie d'Alexandre le Grand, qu'un Asne combattit courageusement contre un Lion, & qu'il le tua à coups de piéds.

courage ſans cruauté, de la force ſans fureur, de l'induſtrie ſans malice, & de la prudence ſans inconvenient; il ne fait rien pour lui, & il fait tout pour l'homme, à qui il ſemble avoir dévoüé dès ſa naiſſance tout le ſervice dont il eſt capable; c'eſt l'animal le plus ſobre, quoique le plus laborieux, un peu de foin ou quelques chardons lui ſuffiſent; il eſt extrêmement patient, & c'eſt la douceur même; auſſi on remarque qu'il vit en bonne intelligence avec tous les animaux, excepté avec le Corbeau[1],[2] qu'une antipathie ſecrette a rendu ſon ennemi déclaré. Quelquefois ce vilain oiſeau vient ſe percher ſur la tête de notre Animal, & tâche de lui crever les yeux à coups de bec; mais au moyen de leur concavité & de la dureté de ſa peau, la nature, cette ſage ouvriere, a ſçû le mettre à couvert de ſes inſultes. L'Aſne eſt toujours égal à lui même, il a aujourd'hui les mêmes inclinations qu'il avoit hier, & il ira l'année prochaine le même train qu'il va cette année. Sans ſe groſſir la tête de mille chimeres, ni s'évaporer en je ne ſçai combien de deſſeins ridicules, il ſçait ſe connoître & ſe renfermer dans les juſtes bornes que la nature & ſon bon ſens lui preſcrivent. On ne le voit pas entêté

têté

têté d'un mérite imaginaire, aller défier un Rossignol à chanter, ni disputer de beauté avec un Cheval d'Espagne.

Sans pousser des regrets superflus sur le passé, ni s'effrayer sur l'avenir par mille réflexions chagrinantes, l'Asne ne s'occupe qu'à faire un bon usage du présent. Il naît robuste, & enveloppé dans une peau bien fourrée; il vit sans inquiétude, & exemt de maladies, & il meurt aussi paisiblement qu'il a vêcu. (*a*) L'Asne a naturellement de la constance & de la fermeté dans ses résolutions: aussi une Asnesse, en Hébreu, est appellée *Athon*, qui vient du verbe Arabe *Athana*, qui veut dire être ferme dans ses desseins. Ce qui s'accorde assez avec ce qu'Homere dit d'Achille, dont il compare la fermeté avec celle de l'Asne, au Livre second de son Iliade.

Un célébre Auteur (*b*) a avancé avec beaucoup de raison, que l'Asne étoit le Sage des Stoïciens. Rien ne le trouble, dit-il, ni ne l'inquiéte: il ne se laisse ni

(*a*) L'Asne vit ordinairement trente ans, & quelquefois davantage: c'est bien peu pour un animal si utile & si bienfaisant, tandis qu'un Corbeau & d'autres animaux, qui ne sont bons à rien, vivent plusieurs siécles.

(*b*) *Heinsius*.

ébloüir par le faste, ni corrompre par le plaisir, ni abattre par la douleur. Accablé des plus pesantes charges, roüé de coups par un conducteur inhumain, il n'en paroît pas plus émû, & cela ne l'empêche pas, en allant toûjours son chemin, d'arracher, par-cy par-là, quelque brin d'herbe qu'il mange fort tranquillement. N'est-ce point là, réellement & en effet, cette impassibilité que les Stoïciens n'ont jamais eu qu'en idée?

On peut fort bien dire aussi, continuë le même Auteur, que l'Asne est de la Secte de Diogène le Cinique; il vit au jour la journée, sans s'embarasser du lendemain; (*a*) il mange ce qu'il trouve ou ce qu'on lui donne, avoine, foin ou chardons; il se couche où l'on veut, sur la paille ou sur le pavé, & il contente ses appetits naturels, quand la nature l'en presse, sans se soucier du qu'en dira-t-on.

(*a*) Philemon (Diogene-Laerce le dit de Chrysippe) voyant un Asne qui mangeoit de bon appetit un plat de figues qu'on avoit apprêté pour sa table, commanda qu'on apportât du vin dans un seau, afin qu'il ne mangeât point sans boire. L'Asne en ayant avalé cinq ou six pintes, en deux traits, ce Poëte y prit tant de plaisir, qu'il en mourut à force de rire.

33

Jamais Epicure ni aucun de ſes Sectateurs n'a connu auſſi parfaitement que l'Aſne, cette tranquillité d'ame, cette charmante quiétude ſi vantée dans leurs Ecrits.

Ce qui diſtingue encore notre illuſtre Animal, c'eſt un air modeſte & grave qui lui eſt particulier. A le voir ſeulement marcher, on eſt charmé de ſa modeſtie; il va toujours les yeux baiſſés, & d'un pas égal, & la démarche lente & majeſtueuſe, lui paroît comme naturelle.

Quand l'Aſne paſſe ſur un pont, ou entre dans une riviere qu'il eſt obligé de paſſer, il s'arrête quelque tems & frappe du pied, comme pour ſonder le gué, afin de nous apprendre avec combien de précaution nous devons nous embarquer dans les entrepriſes où l'on entrevoit quelque danger. Il y en a qui diſent que c'eſt parceque l'Aſne craint l'eau. En ce cas il auroit cela de commun avec la plûpart des grands Hommes. Voyez Uliſſe dans l'Odyſſée, & Enée dans Virgile; on ne peut pas pleurer de meilleure grace qu'ils font, à la vûë de la moindre tempête: c'eſt apparemment parceque la mort, qu'on peut trouver dans les flots, n'eſt ni glorieuſe, ni digne d'un Héros.

Pour être d'autant plus convaincu de

la ſageſſe de notre célébre Animal, il ne faut que lire la Mithologie des Anciens. On y voit que les Géans ayant réſolu d'eſcalader le Ciel, & d'en chaſſer Jupiter & tous les autres Dieux, entaſſérent montagnes ſur montagnes, pour venir à bout de leur coupable deſſein. Déja deux de ces fameux téméraires avoient chacun un pied dans le Ciel. Déja tous les Dieux timides & éperdus, s'étant ſauvez en Egypte, y avoient pris les formes les plus biſarres, pour ſe dérober à la fureur de ces fiers ennemis. Il ne reſtoit plus dans le Ciel que Jupiter, qui ſe débattoit le mieux qu'il pouvoit avec ſes foudres, & l'Aſne de Silene. C'étoit fait de la Troupe Immortelle; c'étoit fait peut-être de Jupiter lui-même, ſi cet Aſne intrépide & ſenſible au malheur dont le Ciel étoit ménacé, ne ſe fût mis tout d'un coup à braire de toute ſa force. (*a*) Ses

(*a*) Herodote *l.* 2. dit que les Perſes étoient montez ſur des Aſnes, en une bataille contre les Scythes qui ne connoiſſoient point ces animaux, dont on ne voit aucun dans leur pays qui eſt trop froid; & que les Aſnes s'étant mis à braire dans le fort de la bataille, les Chevaux ſur leſquels les Scythes étoient montez, qui n'avoient jamais entendu de pareils cris en furent épouvantez & prirent la fuite; ce qui mit l'armée des Scythes en déroute, & donna l'avantage aux Perſes.

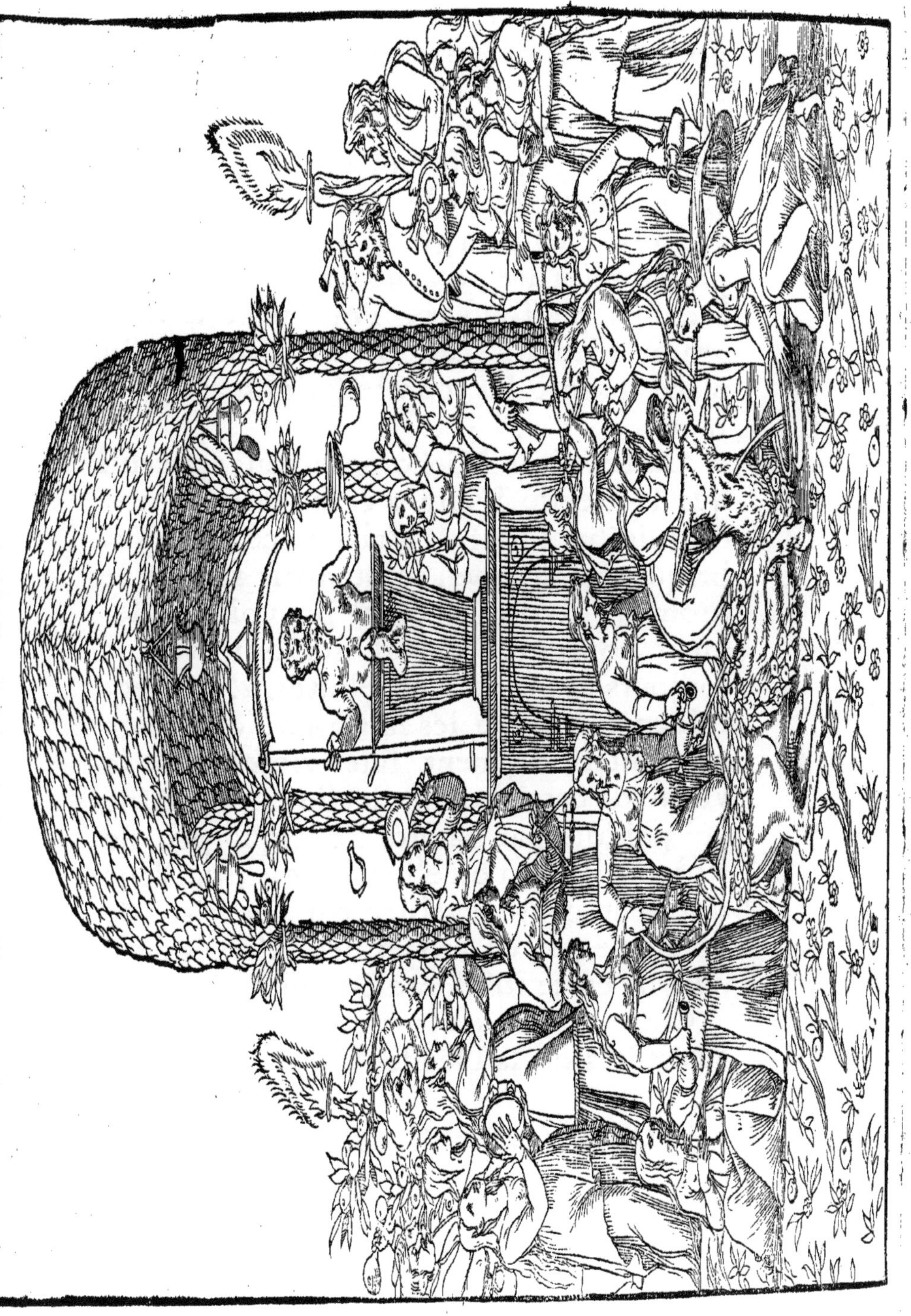

cris perſans & extraordinaires, auſquels les Géans ne s'attendoient pas, jetterent une telle épouvante dans le cœur de ces audacieux, qu'effrayés & déconcertés, ils ſe culbuterent les uns ſur les autres; & il fut facile au grand Jupiter, dans un pareil déſordre, d'achever de les écraſer à coups de foudres. Pour prix d'un ſi grand bienfait, cet illuſtre Animal fut placé parmi les conſtellations après ſa mort.

Cette même Mithologie nous apprend que la Déeſſe Veſta s'étant un jour endormie ſur l'herbe, Priape, ce Dieu lubrique & infame, crut avoir trouvé le moment favorable où il pouvoit facilement contenter des déſirs qui avoient toujours été ſagement rebutés. Il ſe mettoit en devoir de les ſaisfaire, & il auroit infailliblement fait violence à la vertu de cette bonne déeſſe, ſi un Aſne qui paiſſoit par haſard à quelque peu de diſtance du lieu où elle dormoit, ne l'eût tout d'un coup réveillée par ſes cris, & détourné par ce moyen les infames deſſeins de cette inſolente Divinité. (*a*)

Cette avanture étoit cauſe qu'à Rome aux Fêtes de la Déeſſe Veſta, on pro-

(*a*) On ſacrifioit à cauſe de cela l'Aſne à Priape.

menoit par les ruës des Asnes couronnés de fleurs avec des pains pendus à leurs cols ; (*a*) & rien n'étoit plus curieux que de voir ces vénérables Animaux, ainsi parés, marcher avec une gravité qui charmoit tous ceux qui les voyoient passer.

L'Auteur du Livre *De Quadrepedibus*, dit à l'article *De Asino*, que l'Asne a naturellement tant d'aversion pour les méchans, que quand il apperçoit un Loup, il tourne la tête aussi-tôt, pour ne le pas voir, & marche en regardant d'un autre côté.

Si cet Auteur nous donne des exemples de la haine que l'Asne porte aux méchans, Valere Maxime nous en fournit un autre de l'amitié qu'il a pour les honnêtes gens, & pour ceux qui sont injustement persecutés. Marius, qui par son seul mérite s'étoit élevé aux premieres Charges de la République Romaine, ayant été, dit ce célébre Auteur, déclaré ennemi de la République, par un injuste Decret du Senat, alla se cacher dans la maison d'un particulier à Minturnes, (*b*) où il ne fut pas plûtôt arrivé, qu'il vit

(*a*) Apud Romanos Asellum Vestalibus sacris in honorem pudicitiæ conservatæ panibus coronant. *Lactantius*.

(*b*) Ville d'Italie.

nu Asne, qui sans vouloir toucher à ce qu'on lui présentoit à manger, courut précipitament vers un endroit où il y avoit de l'eau, en affectant de regarder Marius. Ce grand Homme frappé de ce qu'il voyoit, & augurant par-là, que cet avisé Animal l'avertissoit du parti qu'il devoit prendre, conjura une troupe d'amis qui étoient venus se rendre auprès de lui, de vouloir bien l'escorter jusqu'au Port de mer le plus proche, où ayant trouvé un vaisseau prêt à faire voile, il s'embarqua, passa vîte en Afrique, & évita par cette fuite salutaire que lui avoit conseillé l'Asne, de tomber entre les mains de Sylla son compétiteur & son ennemi juré, qui avoit détaché une troupe de gens de guerre, qui l'eussent infailliblement pris, s'il eût demeuré une heure de plus à Minturnes.

Nous lisons aussi dans Ammien Marcellin (*a*) un trait singulier d'un Asne qui du tems de l'Empereur Julien l'Apostat, monta en plein jour sur le tribunal de la ville de Pystoye, (*b*) où il se mit à rugir comme un Lion ce qui présageoit, insinuë cet Auteur, l'élévation qui s'ensuivit bientôt de Terentius, qui avoit été Bou-

(*a*) L. 27. *ch.* 2.
(*b*) Ville d'Italie.

langer, à la Charge de Juge de cette Ville, dans laquelle il se comporta avec beaucoup d'insolence & de cruauté. (*a*)

En vain l'on voudroit donner atteinte à la réputation de l'Asne. Les reproches qu'on lui peut faire sont ou mal fondés, ou bien peu de choses, qui n'empêcheront jamais qu'il ne soit, sans contredit, le plus utile & le plus vertueux des animaux. Je crois vous l'avoir suffisamment prouvé : Mais avant que de finir, permettez-moi de vous faire part de ce que j'ai lû dans un Auteur digne de foi, qui vous fera connoître que bien loin que l'Asne soit stupide, comme on le dit ordinairement, il est fort spirituel au contraire, & capable plus qu'aucun autre animal, d'apprendre des gentillesses, & de faire les tours de souplesse les plus agréables & les plus divertissans, si l'on vouloit se donner la peine de l'instruire. Et de peur qu'on ne m'accuse peut-être d'exagerer, je rapporterai les propres termes d'un Auteur, témoin oculaire, dont j'ai oublié le nom, & que j'ai copié mot pour mot. Voici comme il parle.

» Bebelloch est un grand Faubourg
» distant des murailles du grand Caire

(*a*) Songer d'Asne, parmi les Grecs, signifioit bonheur.

» d'environ un mille, & contient trois « mille Feux. Il y a plusieurs Marchands » & Artisans ; ensemble une grande » Place, où se voit un très-ample Palais » & merveilleux Collége édifié par un « Mammeluc appellé Jazbachia, qui fut » Conseiller d'un ancien Soudan, & de » son nom la Place a été appellée Jazba- » chia. En ce lieu-là, quand la priere est » finie, tout le peuple a coutume de » s'assembler, parce qu'il y a dans ce « Faubourg plusieurs choses déshonnêtes, » comme Cabarets & Femmes publiques. » Là se retirent semblablement plusieurs » Bateleurs, sur tout ceux qui font dan- » ser les Chameaux, Asnes & Chiens ; » choses certes qui apportent grande dé- » lectation aux assistans, & principale- » ment le passe-tems de l'Asne ; parce » qu'après l'avoir fait quelque peu dan- » ser, l'un de ses Bateleurs, par maniere » de devis, commence à user d'un tel lan- » gage : Maître Asne, le Soudan a déli- » béré de faire demain ses apprêts, & » jetter les fondemens d'un trés-bel Edi- « fice ; & pour ce, il veut employer tous » vos semblables qui sont dans le Caire, » & entend qu'entre les autres, comme » le plus brave & le mieux experimenté, » vous y travailliez des premiers à porter

» les pierres, chaux, &c. Lors en un » instant l'Asne se laisse tomber par terre, » les pieds en haut, s'enfle le ventre, » cligne les yeux, comme s'il alloit mou- » rir. Cependant le Bateleur se lamente » piteusement, & se plaint à l'assemblée » d'avoir ainsi perdu malheureusement » son Asne, priant la compaguie de » vouloir bien lui donner de quoi en » acheter un autre. Mais il n'a pas plûtôt » achevé sa quête, qu'il commence » d'avertir les gens presens, qu'ils ne pen- » sent point que son Asne soit mort; » parce que le rusé, dit il, connoissant » fort-bien que son Maître est nécessi- » teux, feint le mort, pour mieux joüer » son personnage, & induire le peuple à » compassion, & à lui donner de quoi » acheter de l'avoine : puis se retournant » vers l'Asne, lui commande de se lever » à quoi ne voulant entendre, & ne se » remuant point, le Bateleur commence » à le caresser & à l'étriller à bons coups » de bâtons, sans que pour cela l'Asne » remuë tant soit peu : après quoi il » change de langage, & dit : Messieurs, » je veux bien vous faire entendre que le » Soudan a fait publier à son de trompe » que tout le peuple du Caire ait à sortir » demain au matin pour l'accompagner

» en ſon triomphe, & que toutes les » gentilles Femmes & belles Dames viennent le voir en ſa pompe & magnificence, montées ſur des Aſnes, à qui » elles donneront bonne meſure d'orge, » & de l'eau du Nil. A peine a-t-il fini, » que Maître Baudet commence à ſe » dreſſer ſur ſes pieds, & s'eſcarmouchant le plus dextrement qu'il peut, fait » une grande bravade, ſe montrant recevoir un contentement fort grand, lequel eſt interrompu par les paroles du » Bateleur, qui lui dit : Un des Chefs de » la Ville par malheur m'a demandé à » emprunter mon petit Mignon, pour » porter ſa Femme, qui eſt une Vieille » la plus fauſſe, dépiteuſe & difforme » qu'on ſçauroit choiſir entre un millon. » A ce propos l'Aſne, comme ſi la nature » lui avoit donné quelqu'entendement » de ſurcroît, commence à baiſſer les » oreilles, chopper & feindre l'eſtropié, » dont le Maître ſe prend à lui dire : Les » jeunes Tendrons te plaiſent donc, à ce » que je vois ? Et l'Aſne en baiſſant ſa » lourde tête, ſemble y conſentir, & dire » oüi. Or ſus, dit le Maître, il y en a » pluſieurs jeunes, fraîches & délicates, » choiſis celle qui t'eſt plus agréable. » L'Aſne en tournoyant, fait en ſorte

» qu'il s'adresse droitement là où sont les
» femmes, contemple ce spectacle, &
» ayant choisi la plus honorable, s'adresse
« à elle, & la touche de la tête. Alors
» avec une grande risée, un chacun com-
» mence à crier en gaudissant : Ho, ho,
» ho, la Dame, la Favorite de Maître
» Baudet. Cela fait, le Bateleur monte
» dessus son Asne, pour s'en aller ail-
» leurs.

Après des marques si incontestables de l'intelligence & de l'adresse de l'Asne, dispensez-moi de vous parler de celui qui avoit un goût si merveilleux pour la Musique, & qui s'arrêtoit pour écouter ceux qu'il entendoit joüer de la lyre ou de quelque instrument agréable; d'où vint le proverbe *Asinus ad lyram*; & de cet autre, qu'on dit compagnon du sçavant Origenes & du subtil Porphire, avoir été autrefois écouter les doctes leçons du célébre Ammonius (*a*) d'Ale-

(*a*) *Sixt. in Biblioth. lib.* 4. *in Ammon.*
Ammonius autre Sçavant, qui a fleuri sous l'empire d'Anastase, avoit un Asne d'un goût déclaré pour la Poësie; car il aimoit mieux ne pas toucher à la nourriture qu'il avoit devant lui, & souffrir la faim, que d'interrompre son attention à la lecture d'un Poëme qu'il entendoit réciter. *Photius in Biblioth. n.* 242. *pag.* 1040. *& Diction. Critique de Bayle, au mot* Ammonius.

VTTA NIL PROFICIES, DISCESVE MINERVA.

xandrie, & qui par ſon aſſiduité & ſa modeſtie en claſſe, étoit l'exemple de tous les Ecoliers ſes confreres. (*a*) Diſpenſez-moi de vous parler des avantures qu'eut Lucien ſous la figure d'un Aſne, & de la métamorphoſe d'Apulée, qui ne fut digne d'être Prêtre de la Déeſſe Iſis, comme il le dit lui-même, qu'après avoir été auparavant changé en Aſne.

J'abuſerois de la patience de mes Lecteurs, & je n'aurois jamais fait ſi je voulois rapporter tout ce qui peut contribuer aux loüanges d'un ſi parfait Animal. Je finis donc, en priant ceux qui liront cet Eloge, de ne plus ſe ſcandaliſer dans la ſuite, quand on leur dira qu'ils ſont des Aſnes, puiſque des Philoſophes, & pluſieurs des plus illuſtres Familles de Rome n'ont pas rougi d'être ainſi apellés, & que c'eſt la marque la moins équivoque qu'on a mille vertus, qui ſe trouvent rarement dans ces hommes qui ſe croyent un génie ſublime & éclairé. Dégagés de toute prévention, apprenons à juger plus ſainement des choſes, & à reſpecter déſormais un Ani-

(*a*) Ce n'eſt pas d'aujourd'hui, comme on voit, que les Aſnes vont en claſſe.

mal qui nous reſſemble par nos meilleurs endroits, & qui n'a aucun de nos défauts.

REMARQUE.

LE Pere Tellez, l. 1. ch. 14. de ſon Hiſtoire d'Ethiopie, dit qu'on y voit des Aſnes qui ſont fort beaux, & qu'ils ſont marqués par tout le corps de pluſieurs cercles de couleur noire & cendrée, mais ſi belle, qu'il n'y a point de Peintre qui puiſſe l'imiter. Il ajoûte que cet animal eſt très-cher; qu'un Empereur d'Ethiopie en ayant donné un à un Seigneur Turc, celui-ci le vendit deux mille écus de Veniſe, à un Indien qui en vouloit faire préſent au Grand Mogol. Il aſſûre que la chair en eſt fort bonne.

Pour avoir de bons Mulets, il faut choiſir une Cavale qui n'ait pas moins de quatre ans, & qui n'en ait pas plus de dix.

Plutarque dans la Vie de Caton, parle d'une Mule, digne race de l'Aſne, qui ayant rendu de longs ſervices au Peuple d'Athenes, fut exemptée du travail, avec la liberté d'aller paître où elle voudroit; mais pour n'être pas tout-à-fait inutile, elle alloit ſe mettre au-devant

17

des chariots, & encourageoit, à sa façon, les Bêtes de somme qui les tiroient, ce qui fut cause qu'on ordonna qu'elle fût nourrie toute sa vie aux dépens du Public.

Un nommé Martin étoit Abbé d'une Abbaye en Italie, nommée Asello; il avoit fait écrire sur le portail de sa maison:

**Porta patens esto. Nulli claudaris honesto,*

Mais l'Ouvrier par mégard ou par ignorance, avoit mis le point après le mot *Nulli.*

Porta patens esto nulli. Claudaris honesto.

Ce qui donnoit au vers un sens tout contraire. Le Pape passa par-là, fut indigné de cette incivilité de l'Abbé, & le priva de son Abbaye. Son successeur fit réformer la mauvaise ponctuation de ce vers, auquel on ajouta le suivant.

Uno pro puncto caruit Martinus Asello.

Mais à cause qu'*Asello* en Italien signifie

* Ce vers avec le point mis après *esto*, vouloit dire: que cette porte soit toûjours ouverte; sur tout qu'on ne la ferme jamais aux gens de bien: Mais le point étant mis après *nulli*, signifioit au contraire: Que cette porte ne soit ouverte à personne, & qu'elle soit fermée aux gens de bien.

un Asne, on a ainsi tourné le proverbe: *Pour un point Martin perdit son Asne*; au lieu de dire son Abbaye d'Asello.

Les longues oreilles qu'on reproche à l'Asne, lui ont été données pour lui conserver une perfection que nons voudrions posséder dans le même dégré que lui. L'Asne a, dit-on, le sens de l'oüie le plus fin & le plus subtile après la Souris, & on prétend que ses longues oreilles y contribuënt beaucoup. C'est pour cela que les Poëtes, dont les rêveries renferment souvent tant de bon sens, on feint que Midas avoit des oreilles d'Asne, parce que par sa pénétration, & au moyen du grand nombre d'espions qu'il entretenoit & payoit bien, il entendoit, ou pour mieux dire, il sçavoit tout ce qui se disoit dans son Royaume & chez ses voisins. A ce compte on devroit souhaiter d'avoir des oreilles d'Asnes; & au lieu de dire avec Perse,

Auriculas Asini quis non habet?

il faudroit dire avec Passerat:

Auriculas Asini quis sanus nolit habere?

FIN.

APPROBATION.

www.ingramcontent.com/pod-product-compliance
Ingram Content Group UK Ltd.
Pitfield, Milton Keynes, MK11 3LW, UK
UKHW020347180726
13839UKWH00002B/974